© 1989 Hachette, Paris
© 1992 Tessloff Verlag, Nürnberg
Alle Rechte vorbehalten
Aus dem Französischen von Petra Mellmann
ISBN 3-7886-0617-7

MANN UND FRAU

EINE SEXUALKUNDE
FÜR 7-9JÄHRIGE

Dr. Christine Verdoux

Gynäkologin

Dr. Jean Cohen

Gynäkologe und Geburtshelfer
Vormals Direktor der Frauenklinik und Poliklinik der Universität Paris

Dr. Jacqueline Kahn-Nathan

Gynäkologin
Vormals Direktorin der Frauenklinik der Medizinischen Fakultät der Universität Paris

Dr. Gilbert Tordjman

Psychosomatiker, Gynäkologe und Kinderarzt
Präsident der Weltvereinigung der Sexologen

**Zeichnungen von
Philippe Daure**

Tessloff Verlag

Heute können Jenni und Florian einfach nicht stillsitzen. Florian läuft hin und her wie ein Bär im Käfig und macht nur dummes Zeug. Jenni fängt alle möglichen Spiele an, mit denen sie kurz danach wieder aufhört. Zwischendurch öffnet sie die Wohnungstür einen Spalt breit, um nachzusehen, ob sie draußen etwas entdecken kann. „Kommt Mutti bald zurück?" fragt sie.

„Bald, Kleines, bald", antwortet Vati, der sich schon eine ganze Weile in der Küche zu schaffen macht. „Du weißt doch, daß sie zur Zeit viel zu tun hat. Und überhaupt, was habt Ihr beide denn nur heute?"

„Oooch, nichts…", stammeln die Kinder.
„Er tut so, als wisse er nichts", flüstert Florian seiner Schwester zu. Tatsächlich weiß Vati ganz genau, daß sie heute Geburtstag haben. Sogar, daß sie heute alle beide sieben Jahre alt werden. Und das ist normal, denn sie sind Zwillinge. Übrigens hat Jenni im Kühlschrank einen riesigen Kuchen entdeckt – voller Kerzen. Das eigentliche Problem sind die Geschenke! Normalerweise verstecken Vati und Mutti sie in ihrem Zimmer unter dem Schrank. Jenni und Florian nutzen die Gelegenheit, wenn die Eltern nicht da sind, und schauen sich die Pakete an. Aber diesmal war nichts unter dem Schrank.

„Vielleicht haben sie es vergessen", seufzt Florian, der sich immer gleich das Schlimmste ausmalt.

„Ach, was du nur denkst! Sie haben uns doch lieb", antwortet Jenni heftig.

Trotzdem ist es sonderbar. Zur Sicherheit sehen sie noch einmal auf dem Kalender nach. Kein Zweifel, heute ist wirklich ihr Geburtstag. Vielleicht hat Mutti ihre Geschenke in letzter Minute gekauft!

Es ist schon spät, als Mutti endlich zurückkommt. Sie ist vollgepackt mit Tüten. Beide Kinder umarmen sie und wollen ihr gleich etwas abnehmen.

„Es ist schön, daß ihr mir helfen wollt", sagt die Mutter. Natürlich ahnt sie, daß hinter dieser Begeisterung etwas anderes steckt.

Jenni und Florian haben nur eins im Sinn: ihre Geschenke. Sie packen aus,

und auf dem Tisch liegen jetzt Fleisch, Gemüse, Obst, Konservendosen und Reis. Schließlich haben sie alles weggeräumt, und es ist ein Trauerspiel: Nichts sieht auch nur im entferntesten nach einem Geschenk aus!

„Und unser Geburtstag?" Florian ist so enttäuscht, daß er Tränen in den Augen hat.

„Ja … unser Geburtstag … und unsere Geschenke?" seufzt Jenni. Sie weiß, daß es nicht schön ist, zu fragen. Aber sie kann nicht anders, sie ist einfach zu beunruhigt.

„Ach ja, das stimmt, die Geschenke — schon?" überlegt Mutti laut.

„Du lieber Himmel, die Geschenke!" sagt Vati belustigt. „Ich glaube, ich habe da irgendwo etwas gesehen, aber ich kann mich nicht mehr erinnern, wo."

„Unter unserem Schrank vielleicht?" sagt Mutti und zwinkert Vati zu.

„Nein, da ist nichts. Da haben wir schon nachgesehen", rufen die Kinder im Chor und möchten sich am liebsten sofort auf die Zunge beißen. Wie dumm, jetzt haben sie auch noch ihr Geheimnis verraten.

„So, so, da habt ihr also schon nachgesehen", sagt Vati und lacht. „Gut, wenn unter unserem Schrank keine Geschenke sind, dann findet ihr vielleicht etwas … unter eurem Bett."

Aha, da also! Das ist aber auch wirklich der einzige Ort, an dem sie nicht gesucht haben. Jenni und Florian sind schon verschwunden und krabbeln unter ihr Bett. Mit zwei Riesenpaketen kommen sie zurück. So groß! Es ist unglaublich, daß sie sie nicht entdeckt haben. Da ist ein Pup-

9

penhaus für Jenni, und Florian findet einen Zauberkasten. Beide sind überglücklich.

„Ich glaube fast", sagt Mutti, „ihr habt noch ein Geschenk vergessen. Aber das ist für euch beide zusammen."

Florian saust ins Zimmer zurück, sucht und kehrt tatsächlich mit einem kleinen Päckchen zurück, das er seiner Schwester hinhält. Jenni wickelt es sorgfältig aus: Es sind ein Buch und eine Kassette. „Toll, eine neue Kobold-Kassette!" rufen die Kinder. Der kleine Kobold ist ihr Lieblingsheld. Er ist ein kugelrundes Kerlchen mit großen, grünen Augen und einem Melonenhut. In anderen Kassettenbüchern hat er ihnen schon beigebracht, wie man Schach spielt, einen Dra-

chen bastelt oder einen richtigen Bume-
rang baut.

Florian holt das Tonbandgerät und legt
die kostbare Kassette ein. Der kleine Kobold begrüßt sie mit seiner Erkennungs-
melodie, über die sie beide immer wieder lachen müssen.

„Hallo Kinder, ich freue mich, ein bißchen mit euch plaudern zu können!

Heute werden wir miteinander ein paar
sehr wichtige Dinge durchnehmen.
Wenn ihr einverstanden seid, werden wir
über die Geburt eines Babys sprechen."
Die beiden Kinder sehen sich fragend an.
Was für ein seltsames Geschenk! Vati und
Mutti kommen auch, und alle hören sie
dem kleinen Kobold zu und schauen dabei ins Buch.

„Bestimmt habt ihr schon einmal eine Frau mit einem sehr dicken Bauch gesehen, die ein Kind erwartet, und euch dann gefragt, wie so etwas überhaupt möglich ist. Wie kann ein Kind im Bauch seiner Mutter leben, und wie kommt es da heraus? Das erkläre ich euch jetzt.

Babys, das wißt ihr vielleicht schon, werden gemacht. Gemacht von Vater und Mutter. Die beiden brauchen dazu bestimmte Körperteile, die man Geschlechtsteile nennt. Wie das Herz, die Lunge und das Gehirn arbeiten diese Organe unaufhörlich, aber ohne daß man es von außen sieht.

Es ist ein bißchen so wie mit dem Auto eurer Eltern. Wenn ihr es so betrachtet, habt ihr auch noch keine Erklärung dafür, warum es eigentlich fahren kann. Man muß die Haube öffnen und dann innen die Teile des Motors beobachten, um seine Arbeitsweise zu verstehen. Einige dieser Teile sind so klein, daß man sie nur mit einer Lupe erkennen kann.

Um zu erklären, wie die Geschlechtsteile arbeiten, muß man sich vorstellen, man würde die Haut und die Muskeln entfernen, die sie bedecken. Die kleinsten Teile des menschlichen Körpers kann man allerdings nur unter dem Mikroskop erkennen. Das ist sozusagen ein besonders starkes Vergrößerungsglas.

Nur mit einem Mikroskop können wir all das erforschen, was unvorstellbar klein ist. Immer wenn wir es brauchen, findet ihr von nun an ein kleines Mikroskop neben der Zeichnung.

Und jetzt wollen wir einmal Männer und Frauen, Jungen und Mädchen miteinander vergleichen.

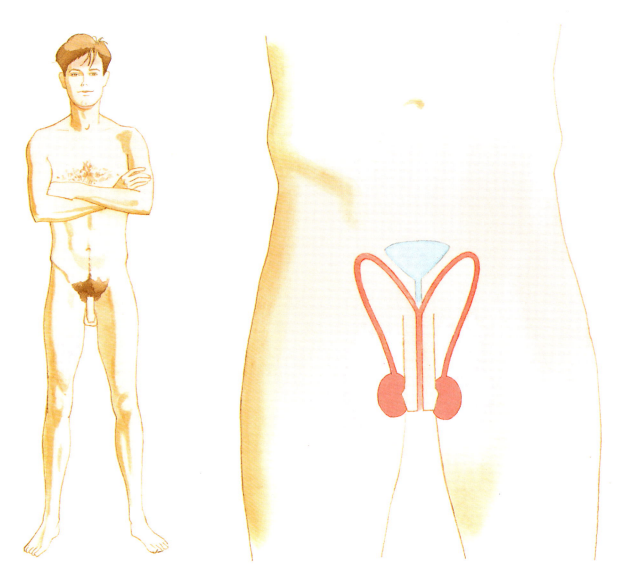

Schaut euch einmal diese Zeichnung eines nackten Mannes an. Der Mann hat breite Schultern, schmale Hüften und Haare auf der Brust und unten am Bauch. Kleine Jungen haben dort noch keine Haare, aber wie ihr Vater (und überhaupt alle Männer) eine Art Röhre, das Glied. Sie brauchen es zum Pipimachen und auch, wie wir noch sehen werden, bei der Liebe. Unter dem Glied liegen in einem Hautsäckchen zwei Kugeln, die Ho-

den. Die Jungen nennen das oft ‚Eier', aber der richtige Name ist Hoden.
Die Hoden und das Glied sind nur ein Teil der Geschlechtsorgane. Wir schauen uns jetzt einmal einen Mann von innen an. In der Zeichnung seht ihr zwei sehr dünne, gebogene Röhrchen, die von den Hoden wegführen. Die beiden vereinigen sich etwas weiter oben im Bauch und münden in eine andere Röhre. Durch sie fließt der Urin aus dem Glied.

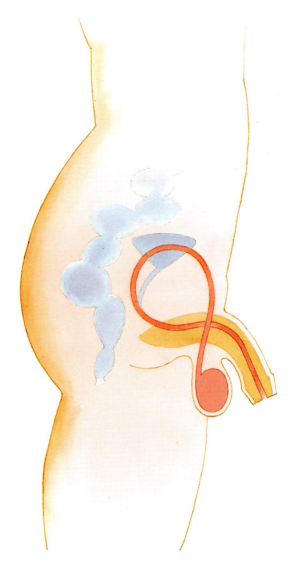

Urin ist die einzige Flüssigkeit, die durch das Glied eines kleinen Jungen ausgeschieden wird. Wenn er größer ist, wird er eine andere Flüssigkeit entdecken, die manchmal aus seinem Glied herauskommt, sich jedoch nie mit dem Urin vermischt. Sie kommt aus den Hoden, und man nennt sie das Sperma. Wenn ihr einen Tropfen Sperma unter dem Mikroskop betrachtet, seht ihr darin eine Unzahl von Zellen mit einem großen Kopf

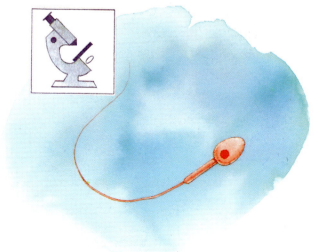

15

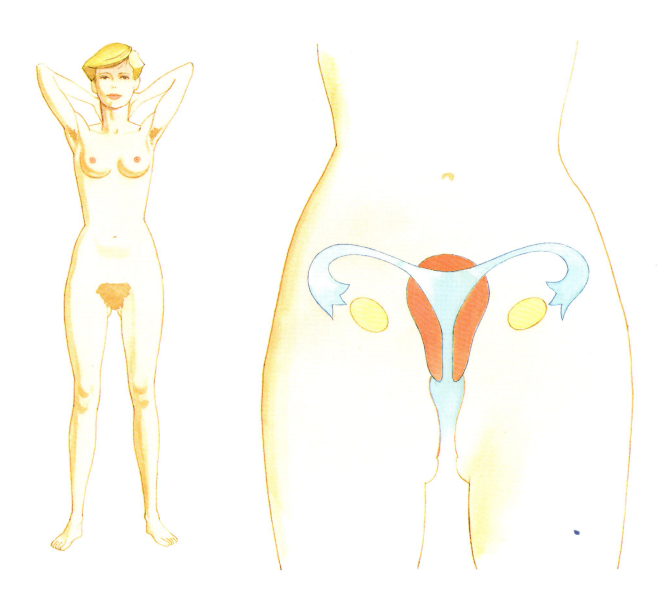

und einem langen, zappelnden Schwanz. Das sind die Samenfäden. Wenn ein Baby entstehen soll, muß so ein Samenfaden auf eine andere Geschlechtszelle treffen, die Eizelle heißt und sich im Körper der Mutter befindet.

Sehen wir uns jetzt eine nackte Frau an. Im allgemeinen ist sie kleiner als ein Mann. Sie hat auch schmalere Schultern. Aber ihre Hüften sind breiter und ihre beiden Brüste sind nicht flach wie beim Mann, sondern weich und rund.

Unten am Bauch hat auch die Frau Haare, aber kein Glied und keine Hoden wie der Mann, sondern eine kleine Spalte. Dahinter liegt im Inneren des Bauches die Scheide. Sie ist ein Gang, der mit der Gebärmutter verbunden ist. In dieser Gebärmutter, einer Art Tasche in Birnenform, kann sich ein Baby entwickeln. Oben an der Gebärmutter sitzen zwei lange, enge Röhren: die Eileiter. Auf jeder Seite

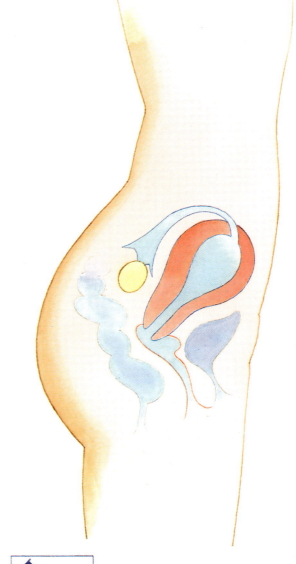

grenzt das trichterförmige Ende eines Ei-
leiters an einen sogenannten Eierstock.
Wenn ihr diese kugeligen Eierstöcke mit
dem Mikroskop betrachtet, entdeckt ihr
viele Punkte, so groß wie ein Stecknadel-
kopf. Diese Punkte sind zukünftige Eizellen. Wie Früchte reifen sie allmählich
heran. Monat für Monat verläßt eine reife
Eizelle den Eierstock und wandert durch
den Eileiter in die Gebärmutter. Die Eizelle muß auf einen Samenfaden treffen,
damit ein Baby entsteht.

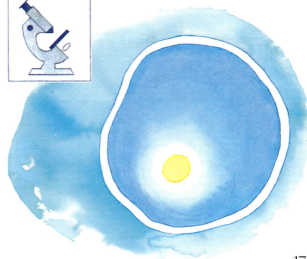

Jetzt werden wir sehen, wie so ein männlicher Samenfaden und eine weibliche Eizelle zueinanderfinden. Dazu müssen ein Mann und eine Frau ihre Körper vereinigen. Das ist eine sehr natürliche Sache, und Menschen, die sich lieben, genießen diese große Nähe. Sie ziehen sich

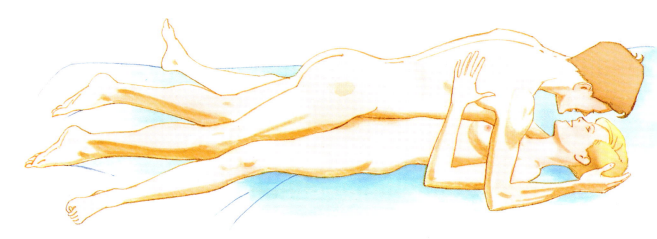

aus, küssen und streicheln sich und drücken sich aneinander. Und dann kommt der Zeitpunkt, an dem der Mann und die Frau sich inniger verbinden möchten, um noch größeres Vergnügen zu haben. Das Glied des Mannes schwillt an und wird steif, und er kann es in die Scheide der Frau einführen. Oft ist das ein sehr glücklicher Augenblick für beide. Lebhaft empfinden sie miteinander das sexuelle Vergnügen. Es kann lange anhalten und mehrmals spürbar sein.

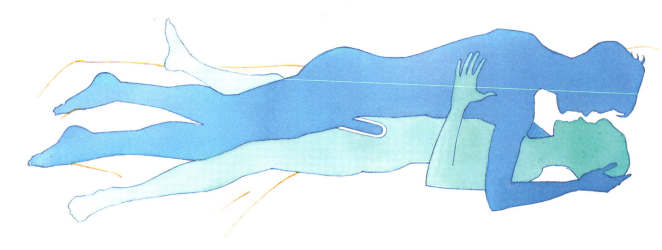

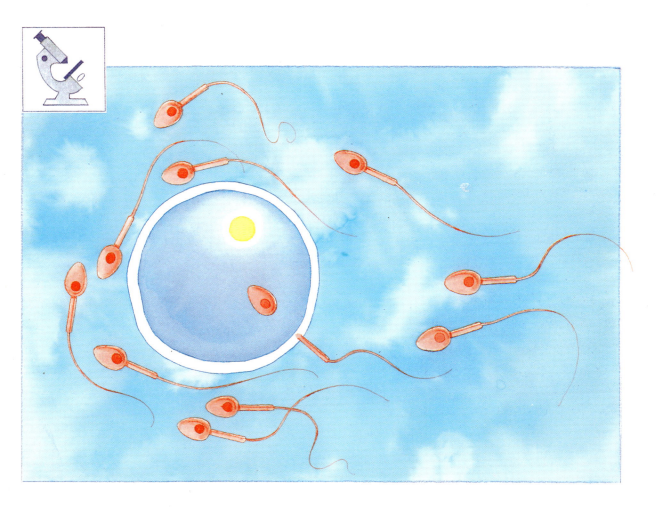

Auf dem Höhepunkt dieses Glücksge-
fühls werden die Samenfäden aus dem
Glied des Mannes in die Scheide der
Frau gespritzt. Sie wandern von dort in
die Gebärmutter und dann bis in den Eileiter, wo einmal im Monat eines der Samenfädchen einer reifen, aus dem Eierstock gekommenen Eizelle begegnen

kann. Aus diesem Zusammentreffen entsteht ein Baby.

Aber nicht jedes Mal, wenn ein Mann und eine Frau sich vereinigen, bekommen sie danach ein Baby. Meistens entscheiden sie sich erst dafür, wenn sie sicher sind, daß sie wirklich zusammengehören und sich nichts mehr wünschen als ein Kind. Zunächst wollen sie sich besser kennenlernen. Sie gehen oft Tanzen oder zum Essen in ein Restaurant. Sie verbringen die Ferien zusammen, und oft wohnen sie auch gemeinsam, um zu prüfen, ob sie wirklich zusammenleben können.

Wenn es ihnen also noch zu früh ist, ein Baby zu haben, benutzen sie Verhütungsmittel. Die Frau nimmt zum Beispiel jeden Tag eine Pille, die sie davor schützt, schwanger zu werden, oder der Mann zieht ein Kondom über sein Glied; das ist eine hauchdünne Gummihülle. So können sie sich lieben, ohne danach ein Kind zu bekommen. Die Liebe und die Lust sind etwas, das man sein ganzes Leben lang genießt. Schon kleine Kinder streicheln sich gern und berühren ihre Geschlechtsorgane. Jungen und Mädchen in eurem Alter tun dies ebenfalls, betrachten sich nackt im Spiegel oder entdecken ihren Körper gemeinsam im Spiel.

Erst ab der Pubertät können ein Junge und ein Mädchen sich miteinander vereinigen. Aber bevor sie selbst noch nicht erwachsen sind, wollen sie keine Kinder haben. Also nimmt das Mädchen die Pille, oder der Junge benutzt ein Kondom.

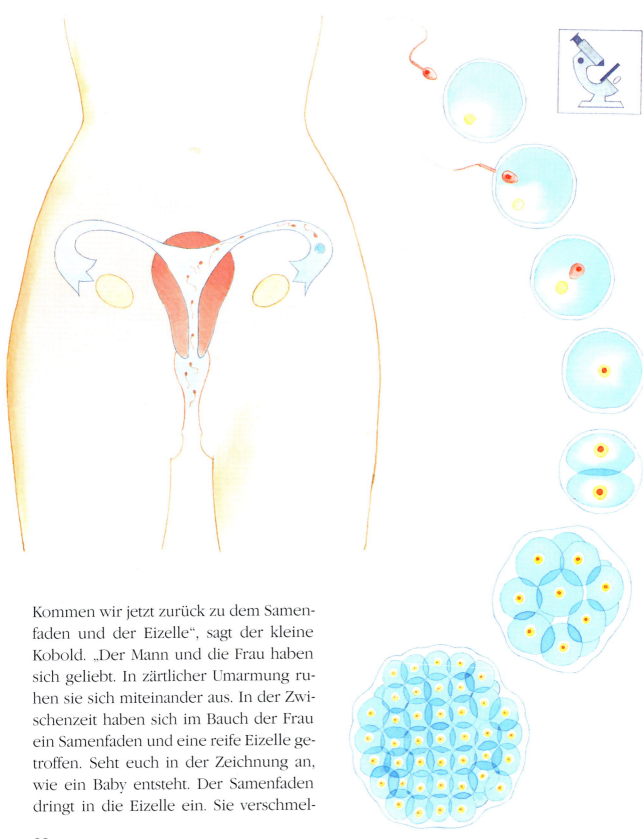

Kommen wir jetzt zurück zu dem Samenfaden und der Eizelle", sagt der kleine Kobold. „Der Mann und die Frau haben sich geliebt. In zärtlicher Umarmung ruhen sie sich miteinander aus. In der Zwischenzeit haben sich im Bauch der Frau ein Samenfaden und eine reife Eizelle getroffen. Seht euch in der Zeichnung an, wie ein Baby entsteht. Der Samenfaden dringt in die Eizelle ein. Sie verschmel-

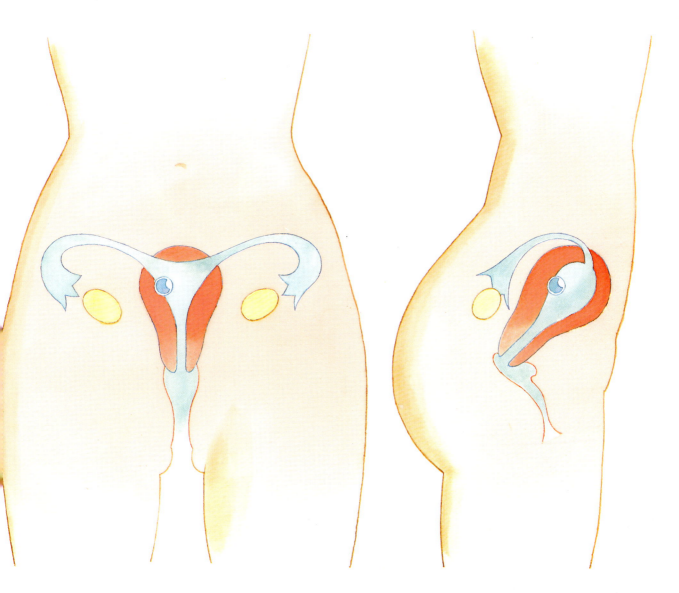

zen und bilden eine kleine Kugel: das Ei. Das Ei teilt sich in zwei Teile, dann in vier, in acht und so weiter. Aber diese Teile bleiben zusammen und bilden eine unregelmäßige Kugel, die Ähnlichkeit mit einer Brombeere hat.

Das Ei wächst weiter und wandert durch den Eileiter in die Gebärmutter. Die Eltern haben einen Jungen oder ein Mädchen geschaffen. Das Ei nistet sich in der Gebärmutterwand ein. Das Blut der Mutter fließt

durch die Gebärmutterwand. Das Blut liefert dem Ei alles, was es zum Wachsen braucht. Es wird immer größer und ändert allmählich seine Form. Schließlich entsteht daraus ein kleiner Mensch. In der Wärme der großen Gebärmuttertasche entwickelt er sich schnell. Neun Monate nach der Vereinigung von Samenfaden und Eizelle kann das Baby geboren werden. Für die Mutter sind diese neun Monate die Zeit der Schwangerschaft.

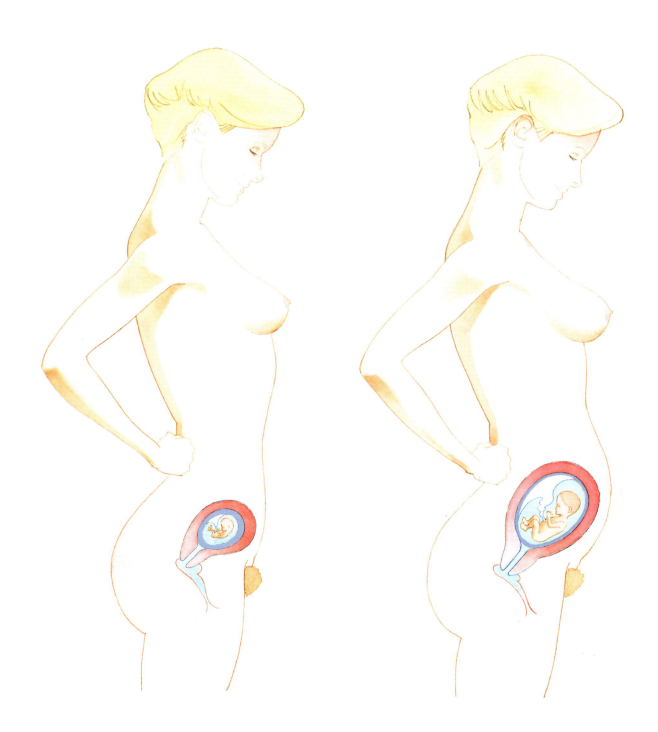

Während der ersten vier Monate der Schwangerschaft ist das Baby noch sehr klein. Wenn die Mutter sich im Spiegel betrachtet, stellt sie fest, daß sie noch genauso schlank ist wie immer.

Am Ende des vierten Monats ist das Baby schon erheblich gewachsen, und die Gebärmutter dehnt sich aus. Jetzt merkt Mutter, daß ihr Bauch ein wenig dicker geworden ist.

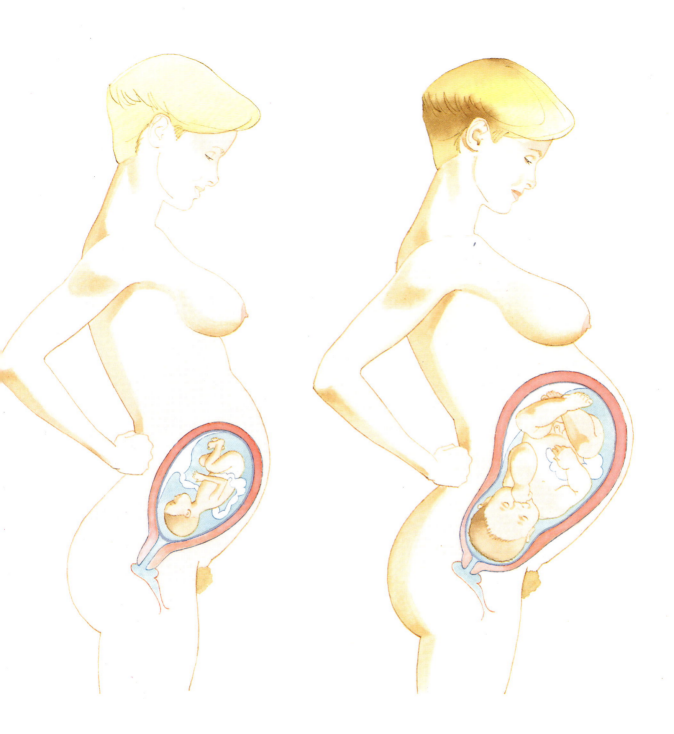

Nach sechs Monaten wiegt das Baby fast ein Kilo und ist zwanzig bis dreißig Zentimeter groß. Jetzt ist Mutters Bauch richtig rund geworden. Sie trägt nun weite Kleider, damit er richtig Platz hat.

Das Baby rollt sich in der Gebärmutter zusammen wie eine schlafende Katze; so braucht es am wenigsten Platz. Es bewegt sich hin und her, aber den Kopf behält es fast immer unten.

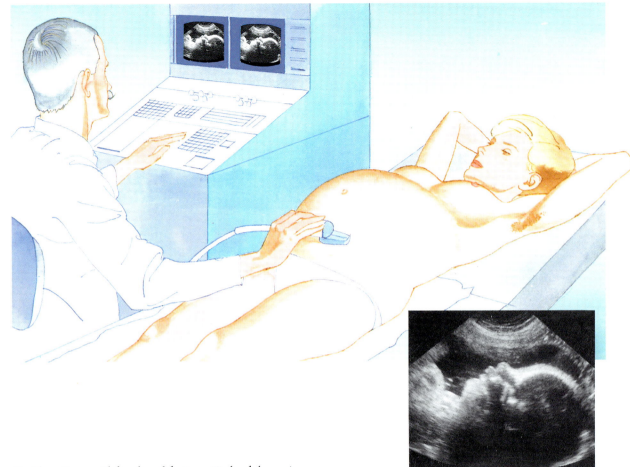

Früher", erzählt der kleine Kobold weiter, „wußten die Eltern bis zur Geburt ihres Kindes nicht, ob sie einen Sohn oder eine Tochter bekommen würden. Aber heute ist es möglich, mit einem Ultraschallgerät das Kind im Bauch der Mutter anzuschauen. So können die Eltern, wenn sie wollen, vom vierten Schwangerschaftsmonat an erfahren, welches Geschlecht ihr Kind hat.

Das ist nämlich bei jedem Baby von Anfang an festgelegt und hängt allein von dem Samenfädchen ab, das sich mit der Eizelle vereinigt hat. Die Hälfte aller Samenfäden erzeugt Jungen, die andere

Hälfte Mädchen. Junge oder Mädchen, das Baby ist jetzt allein lebensfähig. Die Gebärmutter wird sich zusammenziehen, um das Baby herauszuschieben.

Die Mutter spürt plötzlich das Ziehen in der Gebärmutter — die Wehen —, zunächst nur ganz leicht und in größeren Abständen. Aber doch deutlich genug, um zu wissen, daß die Geburt des Babys — die Entbindung — jetzt beginnt. Auf diesen Tag hat sie lange gewartet. Zusammen mit dem Vater hat sie alles, was das Baby braucht, in einen Koffer gepackt. Dann fahren beide in die Klinik. Dort werden sie von der Hebamme empfangen. Sie wird sich um die Mutter kümmern und ihr helfen, das Baby zur Welt zu bringen.

Vor der Entbindung hat die Mutter keine Angst. Monatelang hat sie einen Kurs be-

sucht und dort von einem Arzt und einer Hebamme alles gelernt, was eine werdende Mutter wissen muß. Auf Bildern wurde gezeigt, wie eine Geburt abläuft, und man erklärte ihr, wie sie sich dabei verhalten soll. In dem Kurs hat die Mutter erfahren, wie wichtig es ist, für die Entbindung fit zu sein. Daher hat sie sich fit gehalten.

Sie hat gelernt, regelmäßig und tief zu atmen, damit der Sauerstoff gut in ihre Muskeln kommt. Danach gab es besondere Gymnastikübungen, die den Körper geschmeidig und kräftig machen. Sie ermüdet nun nicht mehr so leicht.

Schließlich hat sie, wie es die Sportler tun, nichts zu sich genommen, was ihr schaden könnte. Sie ißt leichte Gerichte, um nicht zuzunehmen. Sie trinkt so wenig Alkohol und Kaffee wie möglich, und sie hat aufgehört zu rauchen. Denn Alkohol, Kaffee und Tabak schaden dem Baby.

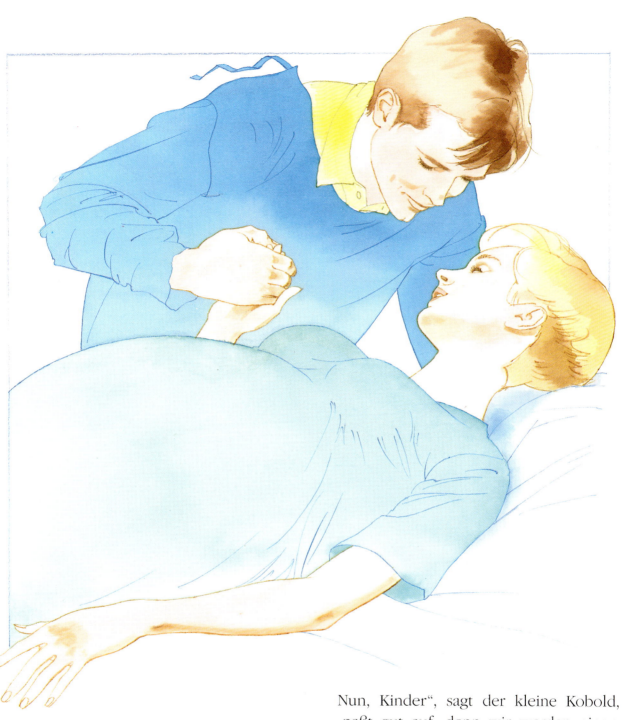

Nun, Kinder", sagt der kleine Kobold, „paßt gut auf, denn wir werden einen wunderbaren Augenblick miterleben: Die Geburt beginnt. Die Mutter liegt auf einem Bett, der Vater und die Hebamme sind bei ihr. Sie hat keine Angst, im Gegenteil: Sie ist glücklich!

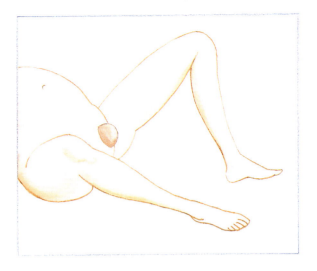

Die Gebärmutter beginnt sich langsam zu öffnen. Dabei zieht sie sich in immer kürzeren Abständen und immer stärker zusammen. So wird das Baby allmählich herausgeschoben. Aber anfangs kommt es nur langsam vorwärts. Später preßt die Mutter bei jeder Wehe kräftig mit.

Das Baby kommt nun schneller voran, und schließlich erscheint sein Kopf in der Scheidenöffnung zwischen den Schenkeln der Mutter. Die Öffnung wird größer, denn die Haut ist dehnbar.

Wenn der Kopf des Babys erscheint, helfen der Arzt und die Hebamme noch ein wenig nach – und da ist es auch schon draußen! Eine Schnur an seinem Bauch verbindet es noch mit der Gebärmutter. Das ist die Nabelschnur, durch die es neun Monate lang mit Nahrung versorgt worden ist.

Die Hebamme schneidet die Nabelschnur durch. Das tut weder der Mutter noch dem Baby weh. Es wird jedoch eine Narbe zurückbehalten: den Bauchnabel.

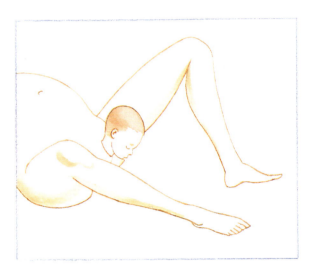

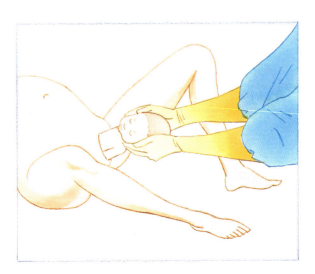

Das Baby atmet zum ersten Mal und schreit. Die Hebamme zeigt es der Mutter. Die ist jetzt sehr erschöpft, aber glücklich. Gleich wird sie mit ihrem Baby im Arm einschlafen. Und der Vater geht spazieren, um sich ein bißchen zu beruhigen. Er ist so stolz und glücklich, daß er es am liebsten aller Welt erzählen würde: Er hat ein Kind bekommen!

Ein neugeborenes Baby ist noch sehr klein und zart. Es kann nicht allein zurechtkommen. Es friert. Die Hebamme zieht es an und legt es in sein Bettchen. Hunger hat es auch, aber es kann sich nicht selbst ernähren. Seine Mutter gibt ihm Milch, die sich gleich nach der Geburt in ihren Brüsten gebildet hat. Sie kann es auch, wenn ihr das lieber ist, mit einem Fläschchen füttern. Dann übernimmt auch der Vater diese Aufgabe.

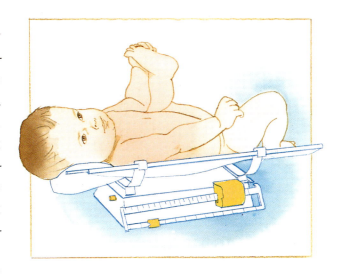

In den folgenden Monaten haben Vater und Mutter viel zu tun. Wenn die Windeln voll sind, müssen sie das Baby baden und neu wickeln. Sie müssen es wiegen und messen, um sicher zu sein, daß es wächst und zunimmt. All das bedeutet für die Eltern eine Menge Arbeit. Aber es macht auch viel Freude. Durch das Baby fühlen die Eltern noch viel stärker, daß sie zusammengehören und sich liebhaben.

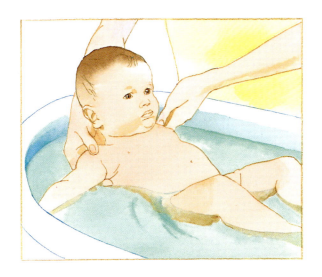

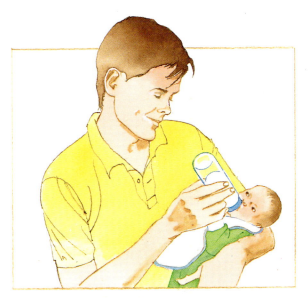

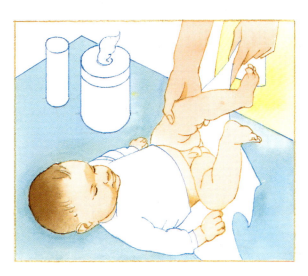

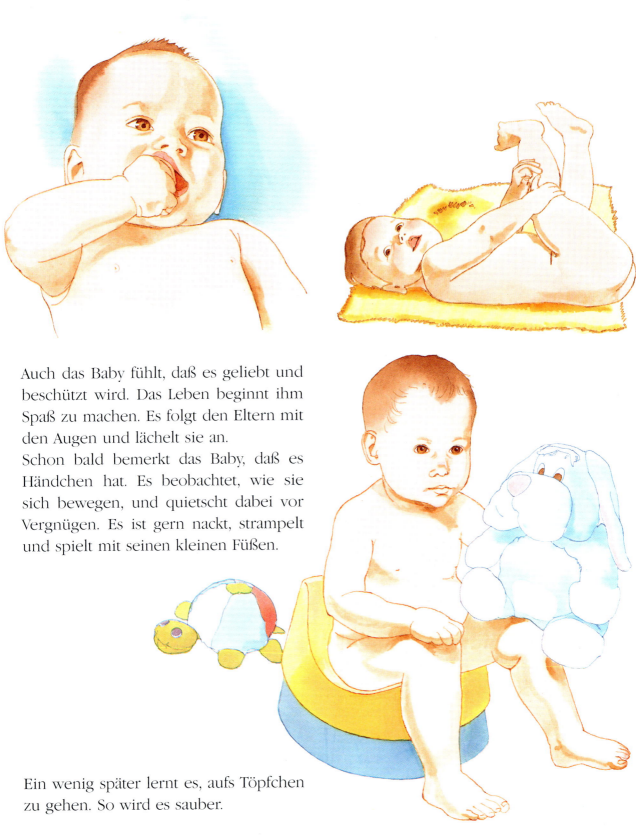

Auch das Baby fühlt, daß es geliebt und beschützt wird. Das Leben beginnt ihm Spaß zu machen. Es folgt den Eltern mit den Augen und lächelt sie an.

Schon bald bemerkt das Baby, daß es Händchen hat. Es beobachtet, wie sie sich bewegen, und quietscht dabei vor Vergnügen. Es ist gern nackt, strampelt und spielt mit seinen kleinen Füßen.

Ein wenig später lernt es, aufs Töpfchen zu gehen. So wird es sauber.

Jetzt verbringt das Baby nicht mehr den ganzen Tag in seinem Bettchen. Stundenlang sitzt es inmitten seiner Spielsachen. Es macht ihm Spaß zu spielen. Ob es wohl die Klötze aufeinandertürmen oder die dicken Ringe über den Stab ziehen kann?

Ein Spielzeug, das ihm wegrollt, holt es sich auf allen vieren zurück. Bald entdeckt es, daß es auf seinen Beinen stehen

kann wie Mutti und Vati. Und eines Tages — nach vielen vergeblichen Versuchen — läuft es ganz ohne Hilfe! Die Eltern loben es und sind zufrieden, daß es ohne ihre Hilfe zurechtkommt. Die Mutter bringt ihm bei, allein zu essen und sich anzuziehen. Aber es ist noch klein, und es braucht Zärtlichkeit. Richtig glücklich ist es nur, wenn Mutter und Vater bei ihm sind.

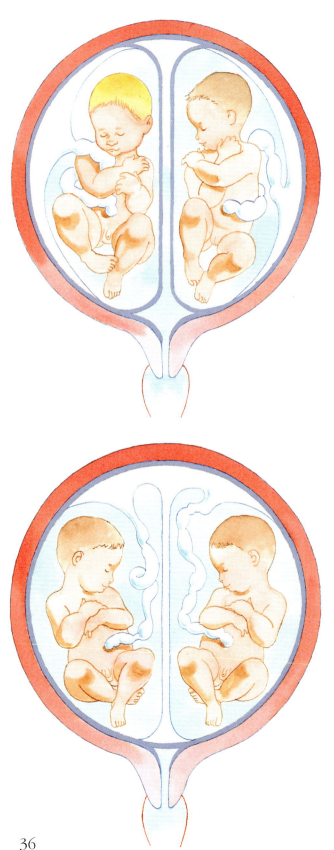

Jetzt wißt ihr also", sagt der kleine Kobold, „wie ein Kind entsteht. Da sind aber vielleicht doch noch ein paar Dinge, die euch seltsam vorkommen. Zum Beispiel, daß es Zwillinge gibt."

Von Anfang an haben Jenni und Florian sehr gespannt zugehört, aber an dieser Stelle sind sie ganz aufgeregt und rufen laut: „Ja, ja, Zwillinge! Kleiner Kobold, erkläre uns doch, woher kommen denn Zwillinge?"

„Also gut", fährt der kleine Kobold fort, „es kann vorkommen, daß sich eines Tages im Bauch der Mutter nicht eine reife Eizelle befindet, sondern zwei, die den Eierstock gleichzeitig verlassen haben. Jede dieser Eizellen hat ein Samenfädchen getroffen, und beide sind befruchtet worden. Man spricht dann von zweieiigen Zwillingen. Es kommt sogar vor – aber das ist sehr selten – daß sich mehrere befruchtete Eizellen in der Gebärmutter befinden. Aber wenn es zu viele sind, haben die Babys, die daraus entstehen, nicht genug Platz zum Wachsen. Bei der Geburt sind sie klein und schwach, und oft ist es schwierig, sie alle am Leben zu erhalten. Es gibt jedoch Eltern, denen es tatsächlich gelungen ist, Fünflinge großzuziehen.

Aber Zwillinge können auch noch auf andere Art entstehen. Sie gehen aus einer befruchteten Eizelle hervor, die sich in zwei vollkommen gleiche Hälften teilt. Diese Zwillinge sind eineiig, sie haben das gleiche Geschlecht und sehen sich zum Verwechseln ähnlich.

Ihr könnt euch leicht vorstellen, daß eine Zwillingsgeburt oft länger dauert und schwieriger sein kann. Manchmal erscheint auch nicht der Kopf eines Babys zuerst, sondern der Po.

Wenn das Baby überhaupt nicht allein herauskommen kann, muß man der Mutter eine Narkose geben und einen Kaiserschnitt machen. Bei dieser Operation holt man das Baby heraus, indem man eine Öffnung in die Bauchdecke schneidet. Das ist nicht gefährlich und geht sehr schnell.

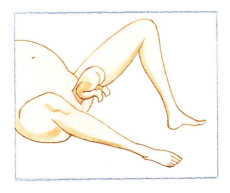
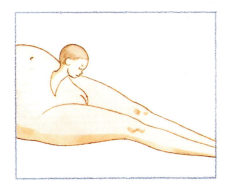
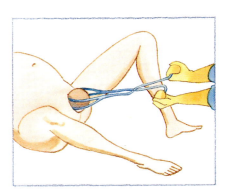
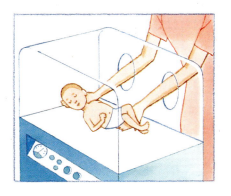

Und dann wieder kommt zwar der Kopf zuerst, aber er ist zu groß, um sich durchzuzwängen. In diesem Fall zieht ihn der Arzt mit einem zangenähnlichen Instrument heraus.

Manche Babys werden schon nach sieben oder acht Schwangerschaftsmonaten geboren. Sie sind besonders schwach. Man legt sie in ein ringsum geschlossenes Bettchen, den Brutkasten. Dort haben sie es genauso warm wie im Bauch der Mutter und sind vor Krankheitserregern geschützt. Nach wenigen Wochen schlafen sie schon im Bettchen.

Gut", sagt der kleine Kobold, „wir kommen zum Ende unserer Geschichte. Ihr seht wie ich, daß das Baby gewachsen ist. Es ist ein richtiger kleiner Junge oder ein richtiges kleines Mädchen geworden.

Eines Tages beschließen die Eltern, ihr Kind in einen Kindergarten zu geben. Am ersten Tag fühlt es sich noch ein bißchen verlassen, aber es gewöhnt sich schnell daran, mit anderen Kindern zusammenzusein. Es gibt blonde und dunkelhaarige Kinder, dunkelhäutige und hellhäutige. Manche sind still und artig, andere frech und ausgelassen.

Im Kindergarten geht es fröhlich zu. Die Kinder lernen Gegenstände zu erkennen und sie zu benutzen, ohne sich wehzutun. Sie erfinden neue Spiele, erzählen Geschichten, stellen Fragen.

Die Kindergärtnerin malt mit ihnen und zeigt ihnen, wie man Buchstaben schreibt. In der Pause spielen sie auf dem Hof, singen Lieder und reden miteinander.

Abends fragen Vater und Mutter, was im Kindergarten alles los war. Und jeden Tag hat ihr Kind ihnen andere Neuigkeiten zu erzählen, denn es lernt immer mehr dazu."

Der kleine Kobold verabschiedet sich von den Kindern. Die Geschichte ist zu Ende. Florian und Jenni räumen ihre Kassette weg.

„Das war ja super!" sagt Florian.

„Ganz toll!" meint Jenni. Beide schmiegen sich an die Eltern. „Und was der kleine Kobold alles weiß!"

Vati und Mutti lächeln sich an. Sie sind glücklich, daß ihr Geschenk den Kindern Freude gemacht hat.

„Nun, das ist ja alles sehr schön", sagt Vati, „aber ich habe Hunger. Ihr werdet nicht raten, was ich gekocht habe!"

„Hühnchen in Krebssoße!" rufen Mutti, Florian und Jenni wie aus einem Mund.

„Wie konntet ihr das nur erraten?" fragt Vati und lacht herzlich.

Das war nun wirklich nicht schwer. Vati kann gar nichts anderes zubereiten. Aber das Hühnchen in Krebssoße ist seine Spezialität. Selbst Mutti hat es nie so gut hingekriegt. Alle versammeln sich fröhlich um den Tisch. Sie sprechen noch über das, was der kleine Kobold ihnen erzählt hat. Die Kinder haben so viele Fragen...
Als das Essen aufgetischt wird, sehen sie Julius Cäsar langsam herankriechen, die Schildkröte von Florian und Jenni.

„Armer Julius Cäsar, dich haben wir vergessen", sagt Jenni und hebt das Tier eilig auf den Tisch, um ihm Salat in einem Teller zu servieren. Die Schildkröte scheint zufrieden. Sie bewegt den Kopf von rechts nach links, was sie immer macht, wenn es ihr gut geht, und frißt. „Und die Tiere?" fragt Florian neugierig, „wie entstehen die Babys bei ihnen? Vereinigen sich Tiere auch?"

„Ja, Tiere vereinigen sich auch, sie paaren sich", sagt Mutti, „Vögel, Hunde, Katzen, alle."

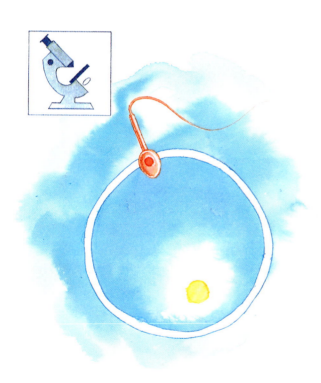

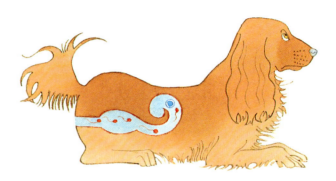

„Haben sie auch Samenfäden?" „Ja, natürlich", sagt Mutti. „Die Samenfäden des Männchens gelangen in die Scheide des Weibchens, und es entsteht ein Junges, das im Bauch der Mutter heranwächst. Später, wenn das Junge groß genug ist, bringt die Mutter es zur Welt. Hündinnen zum Beispiel haben Zitzen, um ihre Welpen zu säugen."

„Und wie kommt es, daß die Hühner und die anderen Vögel Eier haben?" fragt Florian.

„Bei den Hennen geht das Ganze genauso, nur daß die Babys durch eine Eischale geschützt sind.

Der Hahn hat Hoden und ein kleines Glied, mit dem die Samenfäden in die Scheide des Huhns gelangen können. Das Weibchen hat Eierstöcke. Nach der Paarung treffen die Samenfäden auf viele reife Eizellen. Viele von ihnen werden befruchtet, und es bilden sich eine große Zahl von Eiern. Das Huhn legt die Eier, bevor sich Küken darin entwickelt haben.

Die Eier haben eine schützende Schale und, um sie warm zu halten, setzt sich das Huhn darauf. Man sagt: es brütet. Wenn sein Schnabel hart genug ist, zerbricht das Küken die Eierschale und schlüpft heraus. Das frisch ausgeschlüpfte Küken kann gleich laufen und sucht sich seine Körner selbst."

„Und Julius Cäsar, könnte er auch Babys haben?" fragt Jenni.

„Natürlich könnte er, wenn er wollte. Aber er bräuchte eine Frau dafür!"

Mutti und Vati müssen über so viel Begeisterung bei den Kindern lachen.

„Und bei den Pflanzen", fährt Vati fort, „gibt es auch männliche und weibliche Blüten. Manchmal befinden sie sich an derselben Pflanze, wie beim Mais. Manchmal aber auch auf getrennten Pflanzen, wie bei der Dattelpalme.

Nehmt eine Blüte. Ihr könnt sie der Länge nach aufschneiden und findet darin eine Menge kleiner Teile: hier die Staubfäden und da den Stempel. Den Stempel kann man mit den Eierstöcken einer Frau vergleichen. Er enthält viele winzige Punkte. Das sind die Eizellen.

Den gelben Blütenstaub, der die Staubfäden bedeckt, nennt man Pollen.

Wenn nun die Pollenkörner in den Stempel gelangen, verschmelzen sie dort mit den Eizellen und bilden Samen. Das Samenkorn in einer Frucht ist der Fruchtkern. Um ihn herum entwickelt sich die Frucht. Sie ist das Baby der Pflanze. Manche Früchte haben auch kleine Kerne.

Der Gärtner legt die Samenkörner in die Erde. Oder der Wind sorgt für ihre Verbreitung. Dort, wo sie hinfallen, keimen sie. Sie wachsen heran, und nach einigen Tagen oder Wochen sprießt eine neue kleine Pflanze. Wenn sie später blüht, beginnt das Ganze von vorn."

Florian und Jenni haben staunend zugehört. Die Welt ist schon voller Wunder. Der kleine Kobold hatte recht.

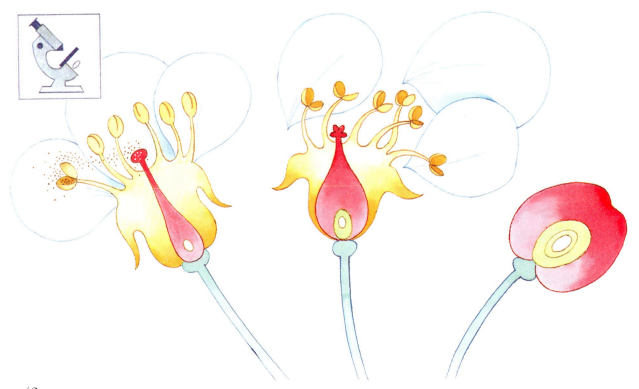

Das Essen verläuft sehr turbulent. Alle reden zur selben Zeit, lachen und singen. Zum guten Schluß macht Vati noch ein Foto, auf dem Jenni und Florian zu sehen sind, wie sie mit aller Kraft die Kerzen auf ihrem Geburtstagskuchen ausblasen. Mindestens vierzehn!